SILVANA PER

PARLIAMO INSIEME L'ITALIANO

QUADERNO DI LAVORO

QUINTO LIVELLO 5

GIUNTI MARZOCCO

INDICE

Pag.

Pag.

Grafica e illustrazioni
PETER PELLEGRINI

Redazione
ELISABETTA PERINI

Impianti
TIPONGRAPH - VERONA

Realizzazione
GIUNTI MARZOCCO

CINQUE COPIE DEL PRESENTE VOLUME SONO STATE INVIATE SIA AL MINISTERO DELLA P.I. SIA AL M.A.E.

ISBN 88-09-00727-1

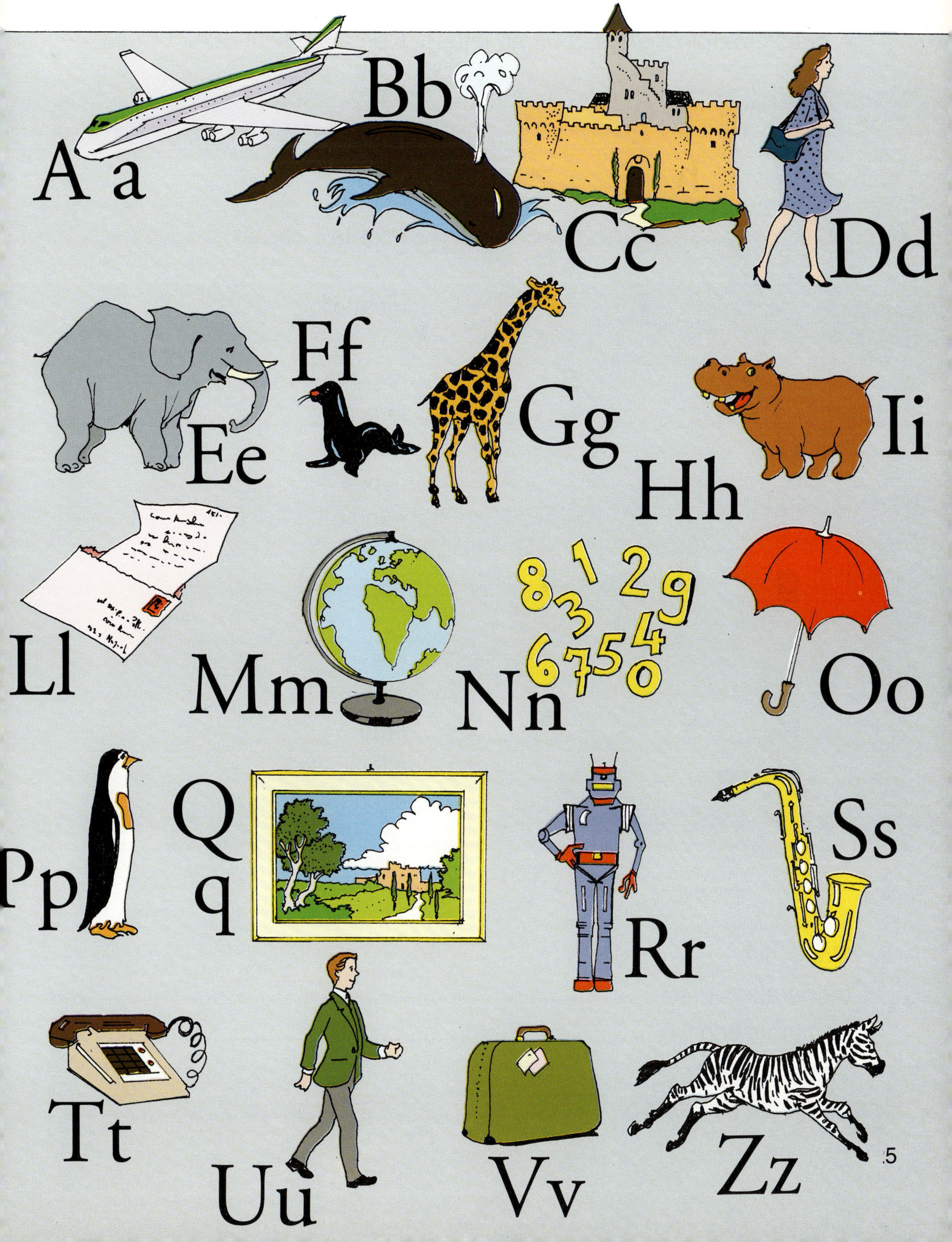
Aa
Bb
Cc
Dd
Ee
Ff
Gg
Hh
Ii
Ll
Mm
Nn
Oo
Pp
Qq
Rr
Ss
Tt
Uu
Vv
Zz

La prima lettera

A queste parole manca la prima lettera. Cercala e scrivila!

o

b h z

a c

f

n s

u t

i

g d r

l

p e q

m v

...lbero
...urattino
...asa
...ottore
...lefante
...iore
...iocattoli
...o
...nsalata
...ibro
...amma
...uvola
...rologio
...ecora
...uaderno
...iso
...ole
...elefono
...omo
...aligia
...ucchero

Ora scrivi:

tre parole con «f»: ....

tre parole con «v»: ....

tre parole con «b»: ....

tre parole con «p»: ....

L'ordine alfabetico

Sai mettere in ordine queste parole?

libro fare
insegnante
quattro penna
disegnare zero
prendere
bello
orologio aereo
fine castello

Osserva queste parole: tutte incominciano con la stessa lettera.
Per metterle in ordine alfabetico cosa devi fare?

libro – locomotiva – lontano –

libreria – lana – luna –

latte – limone – lupo – leone –

lavare – lumaca

Cerchiamo le parole!

Questa è la pagina di un vocabolario della lingua italiana.

Cerca le parole: **giorno, giornalista, giostra, giornata**.

giornaliero. **2. s. m.** Pubblicazione quotidiana a stampa nella quale sono riportate e commentate notizie e informazioni di interesse pubblico: *g. indipendente, di partito*; *g. sportivo* / Pubblicazione periodica; anche, rassegna, rivista / Notiziario radiofonico, televisivo o cinematografico di attualità o varietà // La sede della redazione e degli uffici amministrativi di un quotidiano. **2.** Registro delle operazioni contabili di una impresa. **3.** Diario o registro in cui si annotano giornalmente o comunque in ordine cronologico, fatti e avvenimenti d'interesse privato o pubblico: *g. di viaggio*; *g. di classe*, quello dove i vari professori che si alternano alla cattedra nella scuola secondaria registrano i fatti amministrativi, didattici e disciplinari del giorno; *g. nautico*, il libro di bordo dove sono riportate le annotazioni relative alla navigazione.

giornalièro agg. e s. m. **1.** Che ha luogo ogni giorno: *incassi g.* **2. s. m. (f. *-a*)**. Lavoratore, impiegato avventizio retribuito a giornata.

giornalismo s. m. Il complesso delle attività (dal punto di vista tecnico o professionale) dirette a fornire e commentare notizie, cronache, informazioni, attraverso la stampa quotidiana e periodica.

giornalista s. m. e f. (pl. m. *-i*). Chi presta la propria opera, a livello professionale, alla redazione di un giornale.

giornalistico agg. (pl. m. *-ci*). Pertinente al giornalismo: *attività g.* / Proprio o caratteristico dei giornalisti; *stile g.*, vivo, brillante, e al tempo stesso piano ed accessibile a tutti.

giornalménte avv. Ogni giorno, giorno per giorno.

giornante s. f. Donna che presta servizio a giornata nelle case altrui.

giornata s. f. **1.** Il tempo che intercorre tra il sorgere ed il tramonto del sole, sia con riferimento alle condizioni atmosferiche e climatiche (*una g. serena, fredda, nebbiosa*; *una g. incerta, piovosa*), sia, contrapposta a *nottata*, con riferimento all'attività che vi si svolge, o al modo in cui viene trascorsa (*una g. libera, di lavoro*; *una g. faticosa, terribile, nera*); *in g.*, entro lo stesso giorno di cui si parla (*ci andrò in g.*); *della* (o *di*) *g.*, del giorno stesso (*uova di g.*); *vivere alla g.*, senza preoccuparsi del domani; *andare a giornate*, essere incostante. **2.** Il lavoro compiuto da un operaio in un giorno e il salario relativo: *riscuotere la g.*; *g. lavorativa*, la durata giornaliera di lavoro stabilita dai contratti collettivi. **3.** Il cammino che può essere percorso in un giorno. **4.** Giorno destinato a speciali celebrazioni, talvolta caratterizzato da una raccolta di fondi: *la g. della Croce Rossa*; *g. missionaria*. **5.** Ciascun giorno destinato agli incontri fra le diverse squadre di un campionato, secondo il calendario stabilito dalla federazione sportiva competente. **6.** Giorno segnalato da qualche importante avvenimento: *le cinque g. di Milano*. **7.** Antica unità di misura di superficie del Piemonte (m^2 3810), corrispondente approssimativamente al terreno che un paio di buoi può arare in un giorno.

giornèa s. f. **1.** Antica sopravveste militare divenuta in seguito d'uso comune. **2.** Veste curiale, toga.

giórno s. m. **1.** Intervallo di tempo impiegato dalla Terra per compiere una rotazione completa attorno al proprio asse; **com.**, lo spazio di tempo compreso fra una mezzanotte e l'altra: *un mese di trenta g.*; *che g. è oggi?*; *il g. del Signore*, la domenica / Periodo di 24 ore, con inizio variabile e indeterminato: *la traversata richiede dieci g.* // Spesso, la porzione di tempo compresa tra il sorgere e il tramontare del sole, con riferimento all'aspetto del cielo ed alle condizioni atmosferiche o climatiche (*un g. sereno, tempestoso*), oppure alle attività svolte o in programma (*g. di udienza, di festa*), o anche alla durata (*lavoro tutto il g.*) / **locc.** *Al g.*, *il g.*, ogni giorno, giornalmente (*guadagna tremila lire il g.*; *la macchina mi costa mille lire al g.*); *g. per g.*, in ciascun giorno, per un dato giorno (*il menù si prepara g. per g.*); *di g. in g.*, per indicare progressione (*il costo della vita aumenta di g. in g.*) o imminenza (*potrebbe succedere di g. in g.*; anche *da un g. all'altro* in questo senso); *di tutti i g.*, comune, feriale (*il vestito di tutti i g.*); *un g. o l'altro*, in un futuro indeterminato, ma ad ogni modo non lontano (*un g. o l'altro te ne pentirai*; anche sempl. *un g.*, in questo senso); *del g.*, relativo alla giornata in atto, odierno (*il piatto del g.*); quindi, corrente, alla moda, di successo (*la donna, il film del g.*) / Per influsso del fr. *au jour* (<*ó ǰùur*>): *essere a g.*, bene informato; *mettersi, tenersi a g.*, in pari, al corrente; *tenere a g.*, aggiornare; con altro sign.: *montare a g.* (una gemma), incastonarla in modo che rimanga quasi totalmente visibile. **2.** Con diretto riferimento alle ore di luce (contrapposto a *notte*): *lavorare notte e g.*; *sul far del g.*, all'alba; *in pieno g.*, nelle ore di maggior luce e di più intenso movimento / **fig.** *È chiaro come il g.*, evidentissimo; *ci corre quanto dal g. alla notte*, di elementi inconciliabilmente diversi. **3. estens.** Periodo di tempo più o meno lungo: *abbiamo passato dei brutti g.* / *Al g. d'oggi*, nei tempi presenti.

giòstra s. f. **1.** Gara spettacolare di abilità e destrezza nel combattere a cavallo; talvolta sin. di *torneo*. **2.** Gioco popolare consistente in rustiche gare al bersaglio. **3.** Apparecchiatura girevole per divertimento di ragazzi; sin. di *carosello*.

giostrare v. intr. (*giòstro*, ecc.; aus. *avere*). **1.** Prendere parte a una giostra / **estens.** Gareggiare, competere: *in latino quei due se la giostrano.* **2. fig.** Destreggiarsi abilmente in una situazione difficile. **3.** Andare da un luogo all'altro: *mi ha fatto g. tutta la mattina*.

giostratóre s. m. Ciascuno dei cavalieri che si esibivano in una giostra.

giottésco agg. (pl. m. *-chi*). Relativo a Giotto, alla sua opera, alla sua scuola / **estens.** Che ricorda i tratti caratteristici delle figure affrescate da Giotto: *un volto g.*

giovamènto s. m. Vantaggio, beneficio, utilità: *recare, trarre g.*

gióvane (dial. o lett. *gióvine*) agg. e s. m. e f. (nel pl. esclusivamente *gióvani*). **1. agg.** Che si trova nell'età della giovinezza: *due g. sposi*; *da g.*, nell'età della giovinezza / Spesso col valore di 'adulto ma non ancora maturo e tanto meno vecchio': *sei troppo g. per sapere cos'è l'amore*; *ha cinquant'anni ma si sente ancora g.* / Con valore relativo: *più g., meno g.*, di minore o maggiore età (*la moglie è molto più g. di lui*) / Come apposizione al nome di personaggi storici, li distingue da un omonimo più antico o più vecchio: *Plinio il G.* // **estens.** Giovanile: *nei suoi g. anni* / Recentemente sorto o costituito: *le g. nazioni africane* / Di animali o piante, nato da poco tempo: *un g. baio*; *vino g.*, non invecchiato / Nel linguaggio della pubblicità, a proposito di prodotti di cui si voglia sottolineare la novità e insieme il brillante rendimento: *è un motore g.*; anche come **avv.**: *vestir g.* **3. s. m. e f.** Persona di età giovanile:

Chi sei?

pp. 14-15 del libro

Nome:	metti la tua fotografia
Cognome:	
Nazionalità:	
Età:	
Classe:	
Scuola:	
Indirizzo:	
Numero di telefono:	
Insegnante d'italiano:	

Scrivi in ordine alfabetico l'elenco dei tuoi compagni

Cognome e nome	Indirizzo	Telefono

Da dove vieni?

....

Che lingua parli?

....

....

....

....

....

....

....

....

....

....

....

....

....

....

....

....

....

Veniamo dal… dall’… dalla…

Da dove venite?

....

Che lingua parlate?

....

....

....

....

....

....

....

....

....

....

....

....

....

....

....

....

....

Qual è il verbo giusto?

pp. 18-19 del libro

Scegli il verbo giusto e cancella l'altro con la matita.

Anna **sente/ascolta** un disco; **ascolta/sente** suonare il campanello. **Corre/Cammina** a rispondere.
Chi è? – **parla/chiede** Anna. È la mamma che le **grida/dice**: Per favore, **sali/scendi**, ho bisogno di aiuto! Anna scende e **sente/vede** la mamma che **va/torna** dal supermercato, piena di borse.
Anna **aiuta/porta** la mamma e insieme **vanno/vengono** nell'ascensore: 'Che fatica!' **grida/dice** la mamma. Con tutte queste borse! **Portano/Prendono** tutto in cucina e **mettono/ordinano** ogni cosa al suo posto negli armadietti o nel frigorifero.
Poi Anna **fa/prepara** un panino con la marmellata mentre la mamma **si siede/si alza** e **corre/si riposa**.

Rileggi le pagine 20 e 21 e completa.

....

....

....

....

Andrea è andato al mare e ha nuotato, è andato in barca a vela, ha mangiato tanti gelati.

....

....

....

....

....

....

....

....

....

....

....

....

Presente e passato

p. 26 del libro

Unisci con una freccia il verbo al presente con quello al passato.

metto	ho visto
do	ho chiesto
chiedo	ho scritto
vedo	ho dato
leggo	ho letto
apro	ho fatto
so	ho aperto
scrivo	ho finito
prendo	ho saputo
chiudo	ho messo
dico	ho chiuso
voglio	ho capito
finisco	ho voluto
pulisco	ho preso
faccio	ho pulito
posso	ho potuto
capisco	ho detto

Ora forma una frase con il verbo al presente.

Il tuo compagno la trasforma al passato.

Completa!

p. 26 del libro

Passato: Stamattina – un'ora fa – un mese fa – ieri – domenica scorsa
la settimana scorsa – l'anno scorso

	mangiare
io	ho
tu	
lui/lei	
noi	
voi	
loro	

mangiato

	studiare
io	ho
tu	
lui/lei	
noi	
voi	
loro	

	leggere
io	
tu	
lui/lei	
noi	
voi	
loro	

	vedere
io	
tu	
lui/lei	
noi	
voi	
loro	

	dormire
io	
tu	
lui/lei	
noi	
voi	
loro	

	sentire
io	
tu	
lui/lei	
noi	
voi	
loro	

Scrivi con poche parole che cosa hai fatto durante la settimana.

6 lunedi

7 martedi

8 mercoledi

9 giovedi

10 venerdi

11 sabato

12 domenica

Ora racconta ai tuoi compagni che cosa hai fatto.

Dov'è...? p. 36 del libro

Osserva la pianta della città e rispondi alle domande usando queste parole:

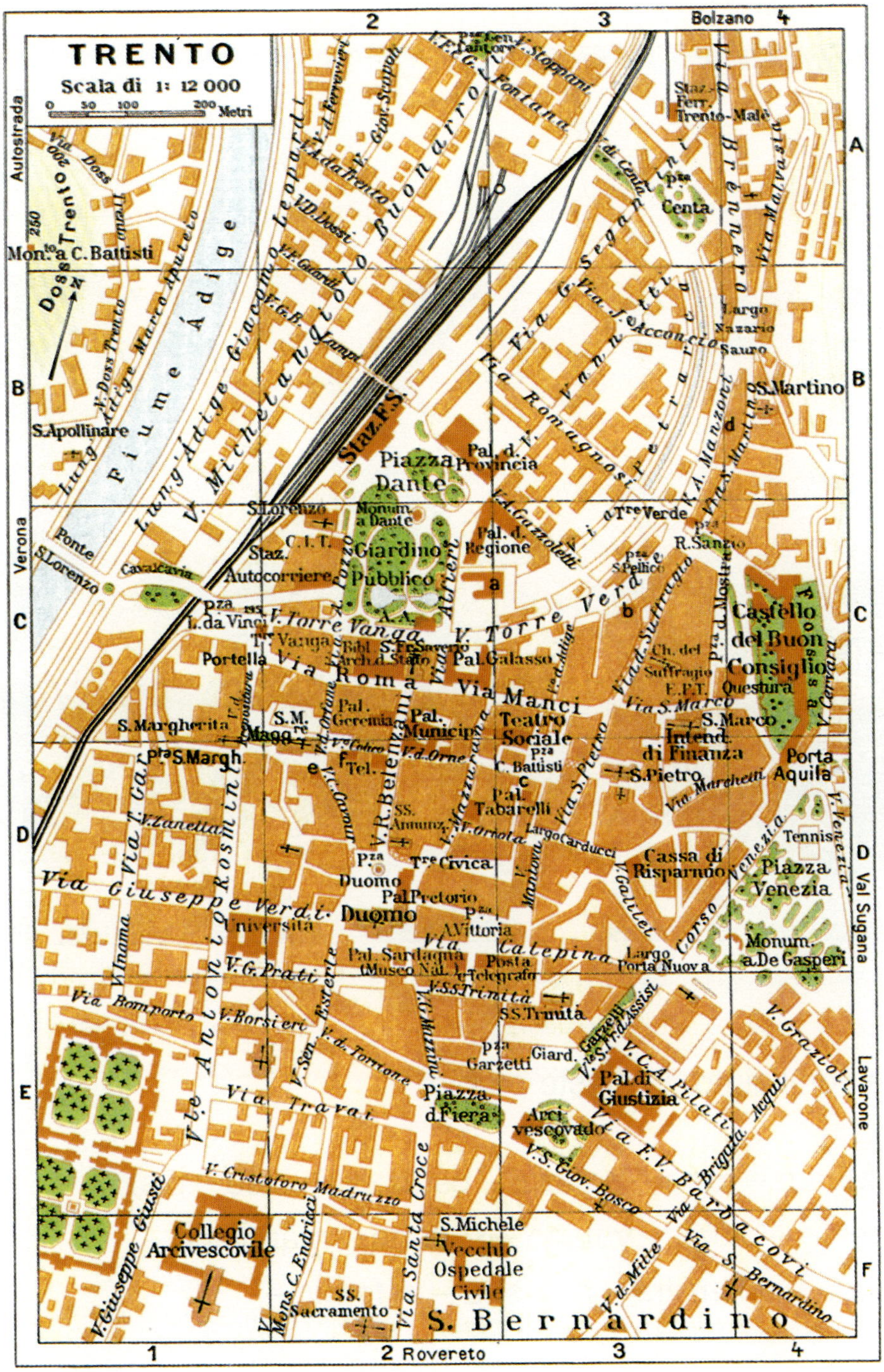

in

a destra

a sinistra

lontano

vicino

tra

di fronte

davanti

dietro

Dov'è la stazione? Dov'è il Castello del Buon Consiglio? Dov'è il Duomo?
Dov'è l'ospedale? Dov'è il teatro? Dov'è il Ponte S. Lorenzo?
Dov'è Piazza Venezia?

p. 36 del libro

Oggi è arrivata una cartolina da Venezia, una delle più belle città d'Italia.

Che cosa vedi?

Descrivi la cartolina con l'aiuto di queste parole:

– Chiesa di San Marco – torre – palazzi – palazzo Ducale – piazza – piccioni – gente – piena – volano – saltano – mangiano – guarda – a sinistra – a destra – in fondo –

Sai scrivere la descrizione della cartolina nel tuo quaderno?

Mi sai dire…?

p. 38 del libro

Tu cammini per la strada e queste persone ti chiedono informazioni.
Scrivi i dialoghi.

Un signore: ....

....

Tu: ....

....

....

....

....

Una ragazza: ....

....

Tu: ....

....

....

....

....

Una signora: ....

....

Tu: ....

....

....

....

....

Un ragazzo: ....

....

Tu: ....

....

....

....

....

Osserva l'illustrazione e racconta che cosa vedi.
Che cosa dicono e pensano le persone?

VIETATO CALPESTARE LE AIUOLE
TAXI
89

p. 47 del libro

– Vieni al campo sportivo?
C'è la partita!
– Preferisco guardarla alla televisione.

– Preferisci giocare a scacchi o ascoltare musica?
– Preferisco ascoltare musica.

Osserva le vignette e scrivi i dialoghi.

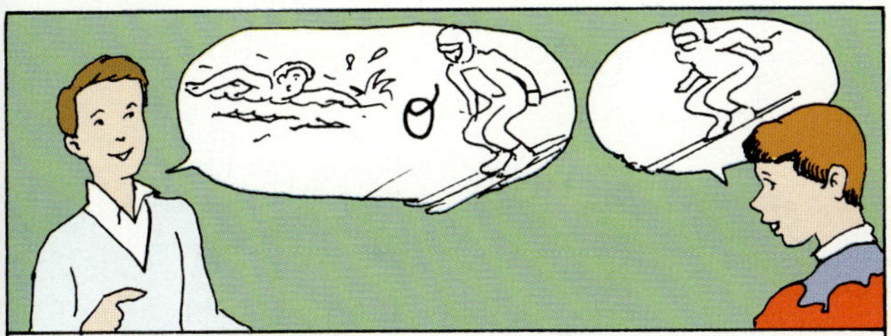

– Preferisci ....
....
– Preferisco ....
....

....
....
– Preferisco ....
....

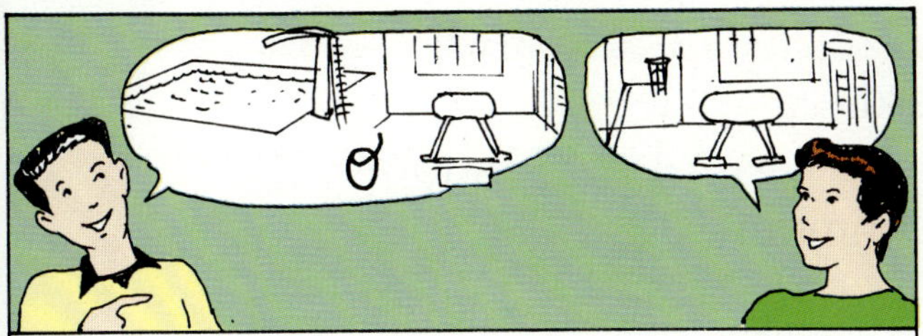

....
....
....
....

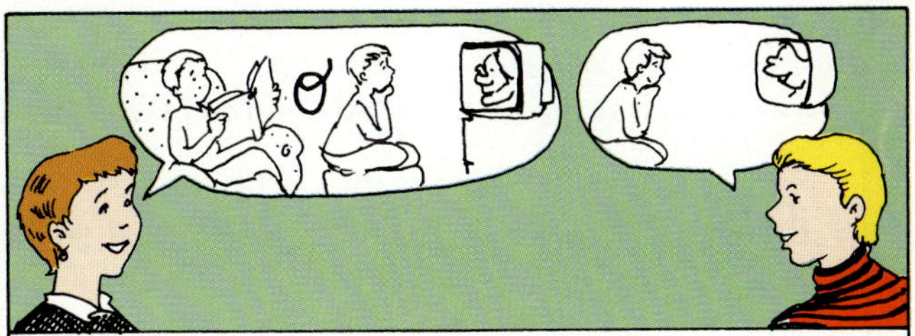

....
....
....
....

Una lettera curiosa

p. 50 del libro

Carla ha scritto alla sua amica Giulia una lettera, ma ha dimenticato tutti i verbi. Scrivili tu!

Cara Giulia,

finalmente fa caldo e, se domenica

.... bel tempo,

.... al mare. Ci

.... presto e ....

in macchina. .... con noi

un cesto pieno di cose buone da mangiare

e da bere. Arrivati al mare, il papà

.... a pescare, mio fratello ......

surf e io .... con la mamma. Poi

.... il nostro pranzo. Più tardi

il babbo .... il giornale, la mamma

.... il suo libro e io ....

con mio fratello. .... anche tu un giorno

al mare con noi?

Cari saluti Carla

- farà
- mangeremo
- porteremo
- giocherò
- andremo
- andrà
- alzeremo
- verrai
- farà
- nuoterò
- leggerà

Trasforma!

p. 51 del libro

Oggi è venerdì
Mi sveglio presto,
mi alzo in fretta,
vado in bagno,
mi lavo,
mi vesto velocemente
e faccio colazione.
Prendo l'autobus e corro
a scuola.

Dopodomani è domenica
.... tardi,
.... piano, piano,
.... in bagno
........................,
.... lentamente
e .... colazione
Non .... l'autobus e
non .... a scuola,
ma .... una
passeggiata

Rispondi!

Che cosa farai l'anno prossimo?

....

Dove andrai in vacanza?

....

Che cosa farai nelle vacanze?

....

Che cosa leggerai?

....

A chi scriverai le cartoline?

....

A chi telefonerai?

....

pp. 58-59 del libro

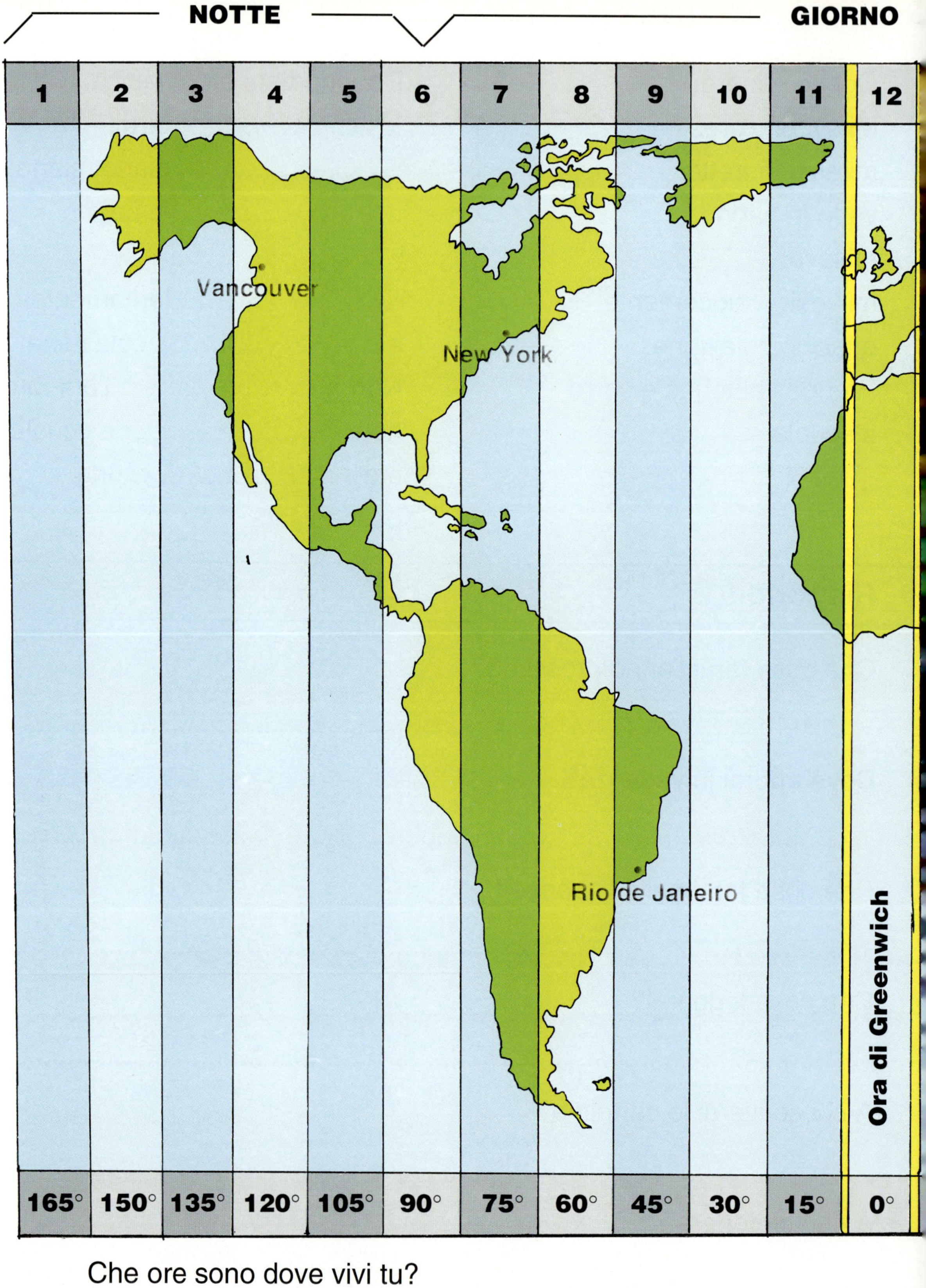

Che ore sono dove vivi tu?

Che ore sono a Vancouver?

Che ore sono a New York?

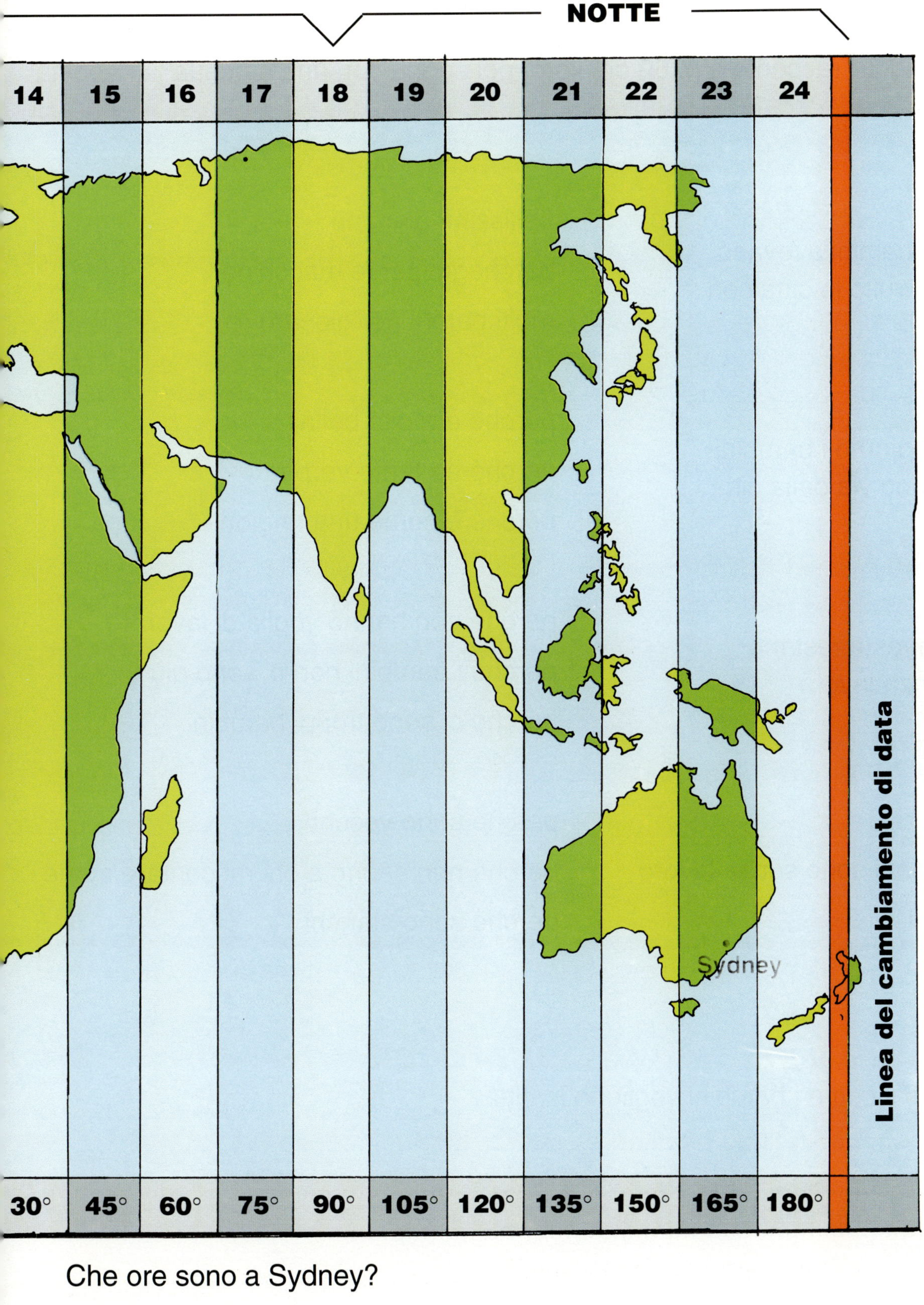

Che ore sono a Sydney?

Che ore sono a Rio de Janeiro?

Continua questo gioco con i tuoi compagni!

Rileggi il racconto a p. 60 del libro; poi segna con una crocetta la risposta giusta

Gli uomini avevano costruito le città con
- ☐ bellissimi giardini
- ☐ parcheggi per le macchine
- ☐ molti parchi per giocare

Un giorno i bambini vanno via dalla città
- ☐ perché è molto bella
- ☐ perché ha tanto verde
- ☐ perché è come una prigione

I maestri restano senza lavoro
- ☐ perché non hanno voglia di lavorare
- ☐ perché i bambini non ci sono più
- ☐ perché ci sono troppi bambini

I nonni sono senza lavoro
- ☐ perché sono vecchi
- ☐ perché non sanno a chi raccontare storie
- ☐ perché sono stanchi

Tu sai come i bambini vogliono la città?

....

....

....

....

Com'è tardi!

p. 63 del libro

Osserva le illustrazioni e completa.
Sono le……………… . Il babbo di Gianni ……………… Suona la………………, ma lui non sente.
Il tempo passa. Sono già………………
Ad un tratto entra ………………, vede l'ora e subito sveglia il marito e gli dice che è molto ………………
Il ……………… ancora addormentato corre in ………………Per la fretta usa il ……………… come dentifricio e il……………… come sapone.
Con il rasoio si taglia……………… e non si fa la barba.
Non si guarda allo……………… e si dimentica di pettinarsi.
Si veste velocemente e intanto……… una tazza di ………………
Si mette il ………………e corre a prendere l'autobus. Guarda ………………: quasi due ore di ritardo. Finalmente arriva davanti al suo ufficio e il portiere gli dice:
– Ma dove corre, signor Rossi.
Oggi è………………!

Rispondi!

p. 64 del libro

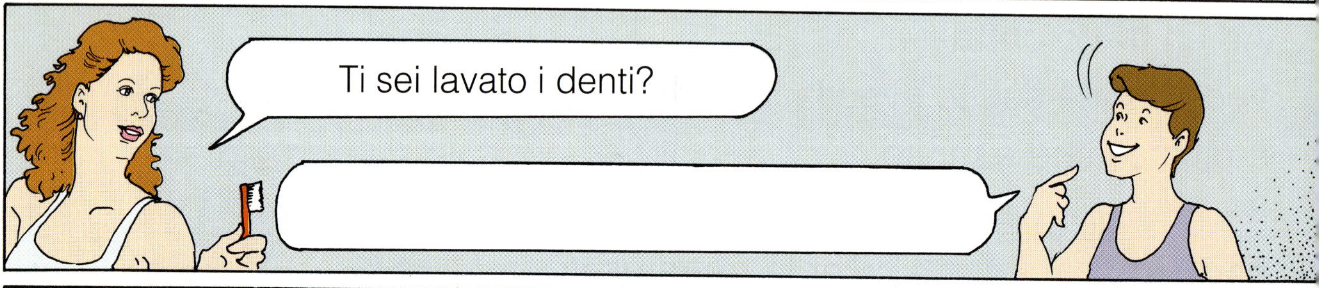

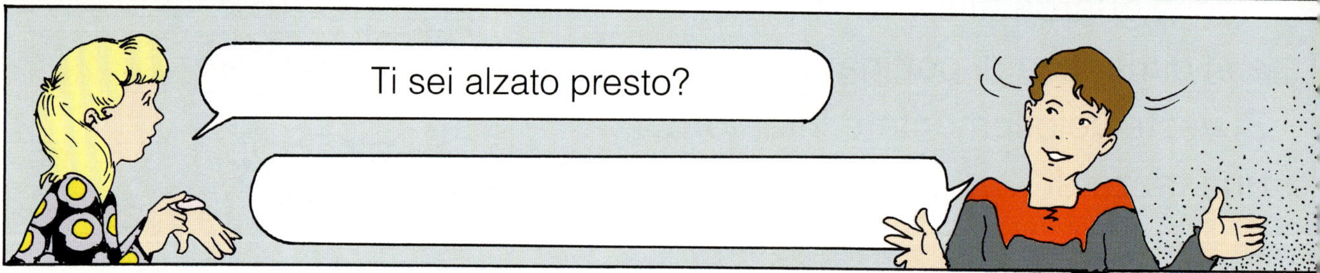

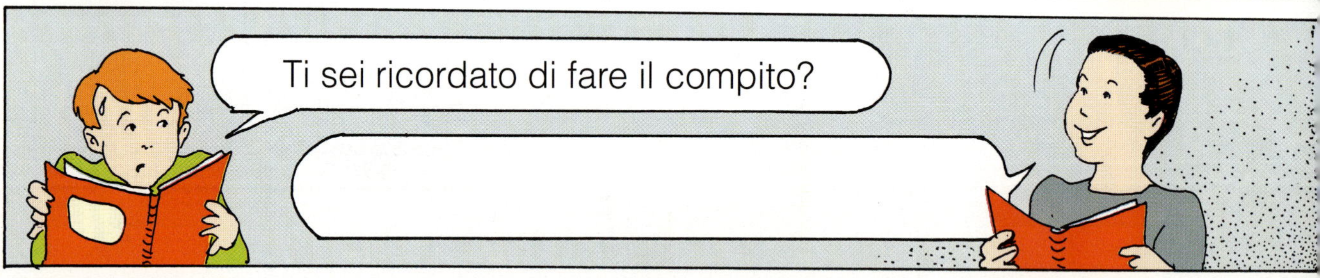

Completa il dialogo.

......................?  Sì, mi sono alzato tardi.

......................? Perché non ho sentito la sveglia.

– Hai fatto il compito?

– Oh, no! Non l'ho fatto.
Mi sono dimenticato!

......................? 

Perché ieri mi sono seduto
sulla poltrona
e ho guardato
la televisione tutto
il pomeriggio.

......................?  Mi sono divertito tanto!

Che cosa fa? Chi è?

Completa!

– Insegna l'italiano ⟶ è un ....
– serve in tavola ⟶ ....
– va a pesca ⟶ ....
– lavora in casa ⟶ ....
– taglia i capelli ⟶ ....
– vende le scarpe ⟶ ....
– cuce i vestiti ⟶ ....
– canta le canzoni ⟶ ....
– lavora in officina ⟶ ....
– recita a teatro ⟶ ....
– porta la posta ⟶ ....
– lavora in fabbrica ⟶ ....
– vende il pesce ⟶ ....
– cura gli ammalati ⟶ ....
– vende le medicine ⟶ ....
– fa i mobili ⟶ ....
– vende la frutta ⟶ ....
– fa i gelati ⟶ ....
– fa le fotografie ⟶ ....
– lavora i campi ⟶ ....
– lavora in ufficio ⟶ ....
– dipinge quadri ⟶ ....
– regola il traffico ⟶ ....
– guida l'autobus ⟶ ....
– scrive libri ⟶ ....

Metti l'articolo ai nomi maschili e poi trasforma.

......	impiegato	l'	impiegata
......	fioraio	......	....
......	infermiere	......	....
......	cuoco	......	....
......	contadino	......	....
......	operaio	......	....
......	parrucchiere	......	....
......	cameriere	......	....
......	cantante	......	....
......	farmacista	......	....
......	barista	......	....
......	dottore	......	....
......	professore	......	....
......	poeta	......	....
......	direttore	......	....
......	attore	......	....
......	ingegnere	......	....
......	segretario	......	....
......	tassista	......	....
......	scrittore	......	....

<table>
<tr><th></th><th>di chi?</th><th>che cosa fa?</th></tr>
<tr><td>Il babbo</td><td></td><td rowspan="2"></td></tr>
<tr><td colspan="2">Il mio babbo</td></tr>
</table>

Fa' le stesse domande ai tuoi compagni sul lavoro delle mamme.

Completa i dialoghi!

– Che cosa farai da grande?
– Farò il veterinario.
– Perché?
– ....
....

– Che cosa farai da grande?
– Farò il pilota
– Il pilota d'aereo?
– No, di macchine da corsa
– Perché?
– ....
....

– Che cosa farai da grande?
– Farò la cantante
– Perché?
– ....
....

Scrivi che cosa farai da grande e perché.

....

....

....

....

Giochiamo con le parole!

Trova le parole e poi controlla se sono giuste a p. 39 del quaderno.

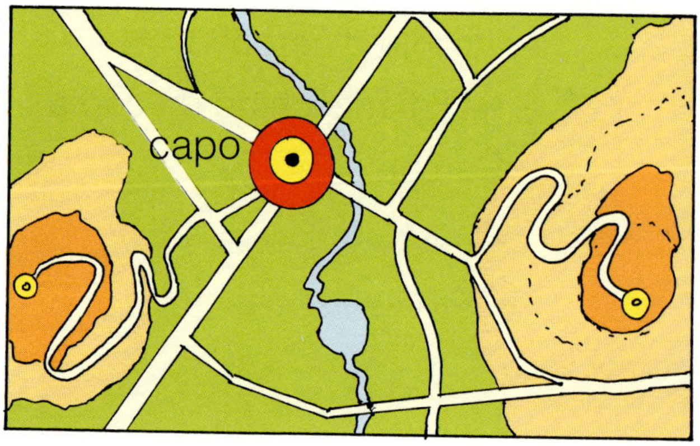

porta +  .... 

porta +  .... 

porta +  .... 

porta +  .... 

porta +  .... 

tele

Michele cambia lavoro

pp. 70-71 del libro

Scrivi con le tue parole il racconto che hai letto nel libro.

Soluzione dei giochi di pp. 36 e 37
– mezzogiorno – mezzanotte – capostazione – capoluogo – aspirapolvere – asciugacapelli – tagliacarte – portachiavi – portamonete – portalettere – portabagagli – portaerei – telegiornale – telefilm – telecronista.

Il nonno di Sofia

Il nonno di Sofia si chiama Tonino e non lavora più. Ha lavorato in una grande fabbrica di stoffe per quaranta anni ed ora è in pensione.
È un uomo di media statura, ha i capelli grigi, due occhi azzurri, piccoli e vivaci.
È molto simpatico ed intelligente. Quando va a passeggio con Sofia racconta sempre cose interessanti.
A Sofia piace molto chiacchierare col nonno.

GIOCO

Sofia ha disegnato cinque persone. Tra queste c'è nonno Tonino.
Nonno Tonino:
ha pochi capelli
ha i capelli grigi
non ha gli occhiali
fuma la pipa
ha due occhi azzurri, piccoli e vivaci

Qual è nonno Tonino?

Cerca il contrario

p. 78 del libro

bello	è il contrario di	brutto
....	è il contrario di	vecchio
freddo	è il contrario di	....
....	è il contrario di	amaro
....	è il contrario di	vecchio
povero	è il contrario di	....
....	è il contrario di	sano
inutile	è il contrario di	....
antipatico	è il contrario di	....
....	è il contrario di	allegro
facile	è il contrario di	....
....	è il contrario di	distratto
scuro	è il contrario di	....
sgarbato	è il contrario di	....
....	è il contrario di	rumoroso
amaro	è il contrario di	....
....	è il contrario di	generoso

Come è? Come sono?

p. 80 del libro

Completa con l'aiuto del tuo insegnante.

Flavio regala un fiore a una ragazza.
È un ragazzo ....

Gino e Giorgio litigano.
Sono ....

Antonia ha perso il suo gattino:
è molto ....

Monica è una ragazza che ride
poco: è molto ....

Luca non ha mai paura.
È un ragazzo ....

Pietro arrossisce spesso:
è un ragazzo ....

Questo signore dimentica
sempre tutto: è ....

Martina ride sempre:
è ....

Gianna ha visto un topo:
è ....

Riccardo non sa cosa fare:
è ....

Franco ha ricevuto un bellissimo
regalo: è ....

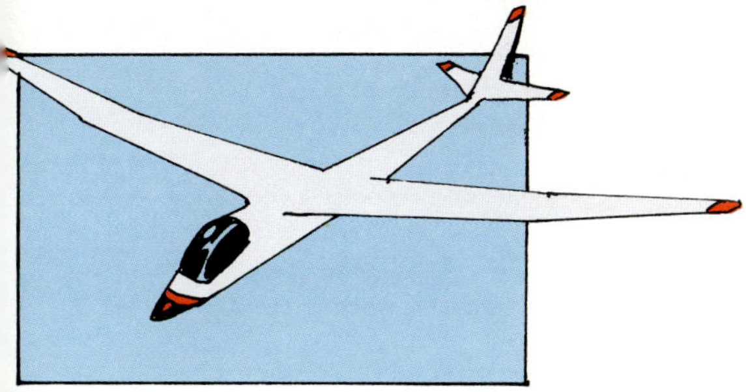

L'aliante non fa rumore perché
è senza motore: è ....

La motocicletta fa molto rumore:
è ....

Trasforma.

Quella gonna nera è molto brutta. È ....

Quel vestito verde è molto lungo. È ....

Quel vestito blu è molto elegante. È ....

Quella giacca è molto moderna. È..

Quei guanti sono molto piccoli. Sono ....

Quei pantaloni neri sono molto stretti. Sono ....

Quegli stivali sono molto alti. Sono ....

– Che belle quelle scarpe!
– Prendile!
– No, non le prendo perché
sono troppo care!

– Che bello quel cappello!
– Prendilo!
– No, non lo ....
....

– Che belli quei guanti!
– Prendili!
– No, non li...............................
....

– Che bella quella borsa!
– Prendila!
– No, ...
....

– Che bello quell'ombrello!
– Prendilo!
– No, ...
....

– Che bello quel cappotto!
–..
– No, ...
....

Completa i dialoghi usando queste parole

– non c'è – è uscito – non è in casa – è occupato –
non è ancora tornata – è occupato – ritelefoni più tardi

– Pronto!
– Pronto! C'è Carla, per favore?
– No, ...

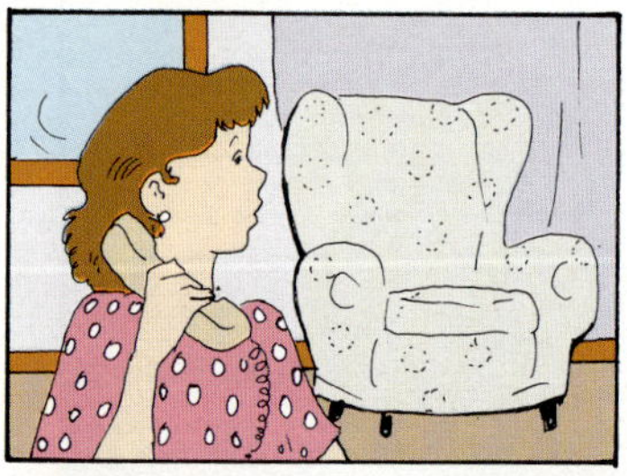

– Pronto!
– Pronto! Vorrei parlare con tuo padre.
– Mi dispiace, ma ....

– Pronto!
– Pronto! Vorrei parlare con tua madre.
– ....

– Pronto!
– Pronto! Posso parlare con il signor Rossi?
– ....

– Pronto! Chi parla?
– L'ambulatorio del dottor Verdi.
– Posso parlare con il dottore?
– Mi dispiace, ma ....

A chi telefoni?

p. 98 del libro

Completa.

Telefono .... mamma, ... babbo, ...
mia amica, ... zio, ... nonna, ... nonno,
.... dottore, ... zii, ... Carlo, ... Lia,
.... mio amico, ... amica di mia sorella,
.... amico di mio fratello.

Nella cabina telefonica

Leggi le istruzioni: che cosa devi fare?

Rispondi!

p. 106 del libro

Una lettera e una cartolina

p. 102 del libro

Rileggi a p. 102 del libro la lettera di Manuela.

Sai rispondere?

Cara Manuela,

Scrivi a un amico lontano

....

....

....

Osserva l'illustrazione. Sai mettere al posto giusto, nei fumetti, le frasi scritte qui sotto?

– Vorrei spedire questa lettera raccomandata.
– Oh, quanto pesano questi pacchi!
– Mi dà, per favore, dieci francobolli per lettera e venti per cartolina?
– Bene, signore, ora le do la ricevuta.
– C'è posta per me?
– Come sono stanca di aspettare!
– Mamma, hai finito? Andiamo?
– Ora guardo. Sì, c'è posta. Ha un documento?
– Signora, deve scrivere il mittente su questo telegramma.
– Vorrei spedire questo pacco.
– Pronto!... Sì, l'ufficio è aperto al mattino e al pomeriggio.
– Vado a spedire un telegramma. Torno subito.
– Ciao, dove vai?
– Quanta posta, oggi!

TELEGRAMMI
INFORMAZIONI
VAGLIA
PACCHI
POSTA
POSTA

Osserva le illustrazioni e rispondi.

– Che cosa vuol dire la parola «Bang» nella prima vignetta?
– Che cosa vuol dire Paperino con la parola «Gulp!»?
– Quando Paperino dice «Sgrunt» è arrabbiato o contento?

Il titolo è un proverbio. Conosci altri proverbi?

Leggi giornalini?
- ☐ spesso
- ☐ qualche volta
- ☐ mai

Scrivi il nome del giornalino che ti piace di più:

....

............! ....?

Sai leggere questi fumetti con la giusta intonazione?

Papà, domani facciamo una passeggiata? È tanto che non usciamo insieme!
Uffa! Che noia! Fuori non si può andare, alla televisione non c'è niente! Che faccio?
E ora chi lo dice alla mamma? Era il suo profumo preferito!
Ciao, divertiti! E telefona appena arrivi!
Ahi! Che male! Sono sempre il solito distratto!
Guarda! Mi sono bagnata perché c'era un forte vento e non potevo aprire l'ombrello.
Arrivederci! Fate buon viaggio! Buon divertimento!

GIOCO

Parole crociate

Orizzontali

1. Fa male alla salute
2. Il contrario di vuoto
9. Il figlio dello zio
10. Cammina con la casa sulle spalle
12. Serve per pescare, ma vuol dire anche «voglio bene»
13. Recita in teatro
16. Il contrario di bianco
17. Rima senza la seconda sillaba
19. Servono ai pesci e agli uomini per nuotare
21. Una mela senza «a»
22. Superfici
23. Parti del quadrato
24. Televisione
25. Insetto
26. Il fratello... della cipolla

Verticali

1. Sta nel suo letto, ma non dorme
2. Il primo fu Adamo
3. Una cosa che ho
4. Pure senza re
5. La casa degli eschimesi
6. Esercito Italiano
7. Anno senza «a» e senza «o»
8. Doppio zero
9. Sono piene di anelli
10. È famosa quella di Aladino
11. Cane con la doppia
14. Il secondo numero dispari
15. Diritti
18. L'albero che ci dà... l'olio
19. Dalla farina il...
20. Rabbia
21. Non si può dire insieme a «però».

Un annuncio

p. 115 del libro

– Mi piacerebbe tanto avere un gattino.
Ma dove lo trovo?

– Guarda sul giornalino... Ecco ho trovato!
Leggi qui!

Regalo un gattino persiano bianco ad amici degli animali. Telefonare 6583421

Cerco un cucciolo simpatico. Telefonare ore pasti 9113742

Scambio bellissimi francobolli europei con giornalini. Tel. 548226

Paolo ha perso Bill, il suo cane. Lo cerca dappertutto e non lo trova.
Perciò vuole mettere un annuncio sul giornale.
Ecco le informazioni su Bill.

Nome: Bill
Età: due anni
Altezza: trenta centimetri
Colore del pelo: nero
Segni particolari: una macchia bianca sulla coda
Razza: barboncino

Vuoi aiutare Paolo a scrivere l'annuncio?

un'aquila

un orso

una lumaca

una giraffa

una formica

un serpente

due mucche

una farfalla

una leonessa

Che cos'è?

un uccello, un pesce, un insetto
un rettile = striscia sulla terra
un mammifero = dà il latte
ai suoi piccoli
un anfibio = vive un po' sulla
terra e un po' nell'acqua

Come è?

selvatico,
domestico,
....
....
....

una rana

un cammello

un coccodrillo

un cane

un pesce

una lucertola

un'oca

due zebre

un pinguino

Dove vive?

nei paesi caldi,
nei paesi freddi,
in ....
in ....

Che cosa mangia?

carne
pesci
foglie
erba
frutta
insetti

Alla stazione

p. 125 del libro

Osserva l'illustrazione.

Sai mettere le parole e le frasi, scritte qui sotto, al posto giusto nei fumetti?

– Attenzione! Il treno espresso proveniente da Monaco per Roma viaggia con trenta minuti di ritardo.
– Portabagagli, per favore, venga qui!
– Panini! Birra! Aranciate! Cestini da viaggio!
– Scusi, è in orario il treno per Palermo?
– Pronto! Chi parla?
– Mi dia un panino e una birra, per favore!
– Ti scrivo subito.
– Oh, il nostro treno sta partendo.
– Vorrei un biglietto per Roma.
– Scrivimi appena arrivi.
– Vediamo! A che ora parte il nostro treno?
– È in arrivo al binario sei il rapido per Milano.
– È in partenza dal binario otto il treno diretto per Venezia.

Tu sei a Roma, vai in stazione e vuoi un biglietto per Milano

Tu: — ....

L'impiegato: — In prima o in seconda classe?

Tu: — ....

Tu sei a Napoli e vuoi un biglietto per Venezia. Chiedi se devi cambiare e se c'è la coincidenza

Tu: — ....

L'impiegato: — In prima o in seconda classe?

Tu: — ....

L'impiegato: — Sì, deve cambiare a Roma.

Tu: — ....

L'impiegato: — Sì, c'è. Deve solo aspettare quindici minuti.

Tu sei a Roma. Vai all'ufficio viaggi e vuoi sapere se c'è un treno per Palermo verso sera e da quale binario parte

Tu: — ....

L'impiegata: — Sì c'è. Parte alle 22,30.

Tu: — ....

L'impiegata: — Binario 12.

Una ricetta

p. 126 del libro

Spaghetti al pomodoro

Per quattro persone:
400 gr di spaghetti
sale
parmigiano grattugiato
pomodori freschi
o pelati in scatola
aglio, olio, basilico
Tempo di preparazione: mezz'ora

Preparare la salsa di pomodoro in questo modo:

Mettere in una casseruola un po' d'olio e tre spicchi d'aglio. Appena l'aglio prende colore aggiungere i pomodori e mescolare bene. Mettere sale, pepe e qualche foglia di basilico. Cuocere finché la salsa è densa.
Far cuocere in tanta acqua salata gli spaghetti. Scolarli e metterli in una zuppiera e aggiungere la salsa. Servire con parmigiano grattugiato.

Conosci qualche ricetta? Scrivila qui!

Per quattro persone:

Disegna!

....

....

....

....

....

S. PERINI
PARLIAMO INSIEME L'ITALIANO, 5
QUADERNO DI LAVORO
GIUNTI GRUPPO EDITORIALE

Finito di stampare nel mese di settembre 1996 presso Giunti Industrie Grafiche S.p.A. – Stabilimento di Prato